·阿桂作品·

超级冷漫画3

疯了！桂宝

冰爽卷

吉林出版集团
北方妇女儿童出版社

爆笑疯桂宝之第三季

图书在版编目（CIP）数据

疯了！桂宝. 冰爽卷 / 阿桂绘. —长春：北方妇女儿童出版社，2011.7
ISBN 978-7-5385-5035-1

Ⅰ.①疯… Ⅱ.①阿… Ⅲ.①漫画—作品集—中国—现代 Ⅳ.①J228.2

中国版本图书馆CIP数据核字(2011)第135017号

疯了！桂宝. 冰爽卷

作　　者	阿　桂
出 版 人	李文学
责任编辑	张晓峰
封面设计	阿　桂
开　　本	787mm×1092mm　1/16
印　　张	14
版　　次	2011年8月第1版
印　　次	2013年1月第5次印刷
出　　版	吉林出版集团 北方妇女儿童出版社
发　　行	北方妇女儿童出版社
地　　址	长春市人民大街4646号（130021）
电　　话	总编办: 0431-85644803 发行科: 0431-85640624
网　　址	http://www.bfes.cn
印　　刷	廊坊市兰新雅彩印有限公司

ISBN 978-7-5385-5035-1　　　　定 价：32.80元

最高级的一种放松是……
疯！

目录 CONTENTS

疯了！桂宝 目录 CONTENTS

爆笑疯桂宝之第三季

演员表
YANYUANBIAO

疯了！桂宝

阿桂哥自从来到地球以后，就开始没完没了地胡思乱想，想着想着还不过瘾，便开始了长期的非常有使命感的乱涂乱画，从小时候家里的白墙，一直乱画到了今天的电脑屏幕，可谓是坚持不懈、矢志不渝。画着画着，观众从父母增加到邻居，到同学，进而到今天数以千万计的读者，这时，阿桂哥才忽然发现，他好像疯得有点大发了。不过，他的胡思乱想实在很难控制，唯一能让他正常的方式，就是让手里画的小人儿去使劲疯，于是《疯了！桂宝》便隆重地加入到了阿桂哥的乱涂乱画大军中。

欢 迎 光 临 阿 桂 哥 的 奇 思 妙 想 异 世 界

小臭贝

陪伴着孤独天才桂宝的可爱小狗，是一条标准的有了吃的，就不再烦心任何事的超级乐观狗。当然它也不知道什么叫乐观，反正是吃嘛嘛香，身体倍儿棒。

阿玉

阿芹苦苦追求的女朋友，性格难以捉摸，忽冷忽热，是一个典型的爱情虐待狂。

阿芹

基本属于一个正常人，是桂宝的好朋友，常常被桂宝冷到崩溃，已经逐渐开始不正常了。

表情仔

能够用表情回答一切问题的超强表情专家。

桂宝

任何时代，任何人都可以成为与众不同的天才，而桂宝就是其中最疯、最冷的一个。

胖狗狗

友情客串的专业动画演员，是桂宝的师哥，目前在动画片界发展。

害怕咚

完全没有安全感的人，对任何事物都会产生畏惧心理的小可怜。

丑狗狗

是世界上唯一一条有思想的狗，思想深刻，忧郁的眼神就像个哲人，可是有才华的人往往都有些丑。丑狗狗也没能脱俗，狗如其名，丑得可以。

欢迎光临阿桂哥的奇思妙想异世界

疯了！桂寶 －演出开始－

疯了！桂寶
-三大冷宠物-
北极熊！
帝企鹅！
疯桂宝！
史上三大冷宠物！

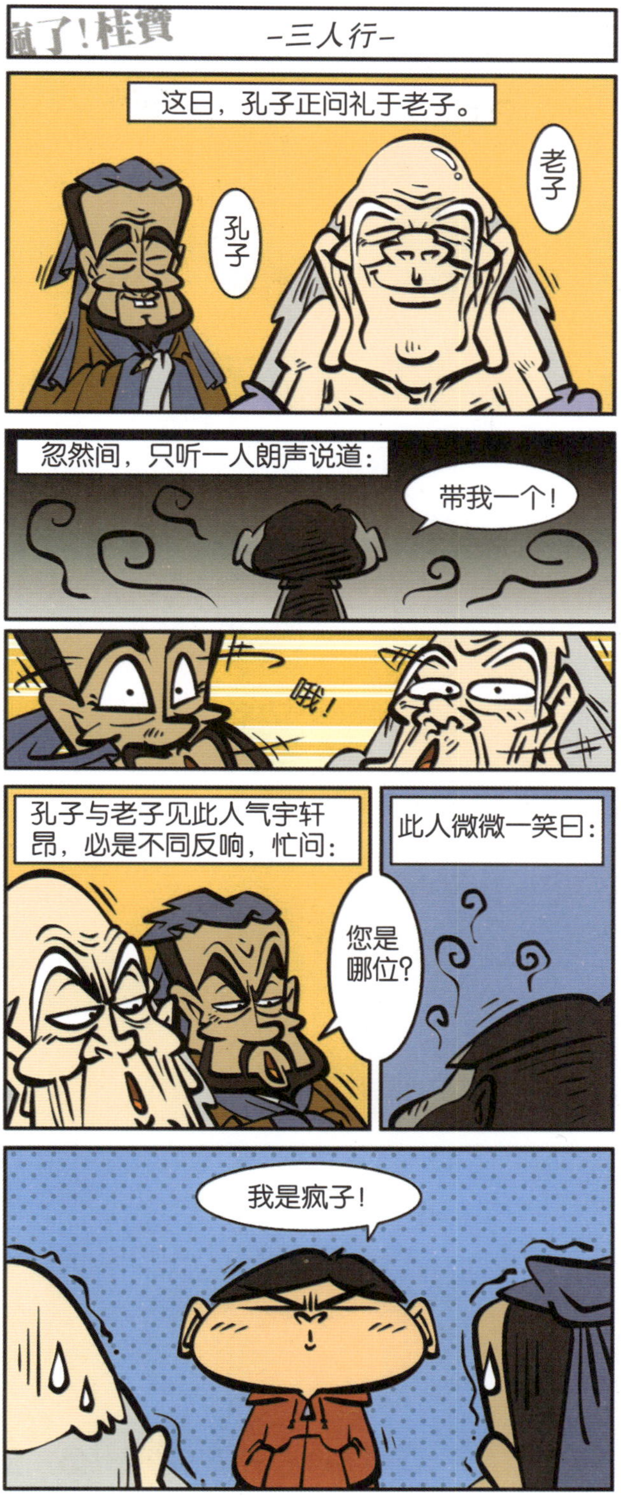
疯了！桂宝
-三人行-
这日，孔子正问礼于老子。
孔子
老子
忽然间，只听一人朗声说道：
带我一个！
哦！
孔子与老子见此人气宇轩昂，必是不同反响，忙问：
您是哪位？
此人微微一笑曰：
我是疯子！

疯了！桂宝　-臭贝便便-

疯了！桂寶
-豆论-
请问：红豆、绿豆、黄豆，谁最浪漫？谁最冷？谁最有音乐细胞？
红豆最浪漫，因为此物最相思！
相思豆
绿豆最冷，因为绿豆最败火！
绿豆汤
黄豆最有音乐细胞！
为什么黄豆有音乐细胞啊？！
因为吃黄豆会放响屁。

疯了！桂宝 —伊甸园—

伊甸园中，蛇正在诱惑亚当和夏娃偷吃禁果。
吃苹果吧！
嗯，亚当看着蛇，犹豫着问夏娃：
亲爱的，你说呢？
夏娃严肃地说：
你傻啊！
有肉不吃，吃什么苹果啊！
不是吧！

疯了!桂宝 -裸体题-

疯了！桂寶 -高难工作-

我找了一个新工作，这个工作难度非常高！
比幼儿园老师还需要耐心和爱心，比医院护士还需要不怕脏、不怕累的精神。
比联合国环保组织还要爱护生命与自然！甚至要比超人还有力量和责任感！
疯了，就是在宠物店给狗洗澡啦！拽什么拽啊！
燕雀安知鸿鹄之志哉！

疯了！桂寶
—原因—
宝，你为什么来我们宠物店打工啊？这不像你做的事啊！
芹，难道你没看到我纯洁善良的一面吗？我们天才是很有爱心的，你这么说我很伤心。
是我不好，对不起啦！
阿桃店长
两位开工喽！
死肥疯，这才是真正的原因吧！
店长好！
好！

疯了！桂寶
-胖狗狗出场-
介绍一下，这位是我们店的宠物医生，胖狗大夫。
你好，我是胖狗狗，叫我胖胖就可以！
嗯……
有什么问题吗？
我也要给他洗澡吗？
不是吧！

瘋了!桂寶
-一句名言-
巧克力冰激凌是我的最爱!
啊!
你现在潇洒的样子,让我想起一句名言。
什么名言啊?
狗改不了吃屎!
哦!

疯了！桂寶
-泡面洗澡-
一天方便面和桂宝去泡澡。
火腿肠和调料包看到了说：
方便面你怎么不和我们泡，却和桂宝泡？
桂宝严肃地说：
两位这都没看出来吗？
怎么！
我们泡的是冷面啊！
疯~
~冷宝
了~

疯了！桂寶
—黄瓜奇谈—
大家好，我是黄瓜。
骗人，你也不黄啊！
啊！
啪！
我不黄，但我很暴力！

瘋了!桂寶 -脸大-

疯了!桂寶
-宝的最爱-
吃黄桃罐头我很有研究，第一，有些罐头不是真黄桃，真黄桃是嫩黄色，酸甜可口，而假黄桃是暗黄色，看上去很干，味道发苦。
真
假
宝的最爱!
第二，吃黄桃时，很多人以为是用勺，其实不对，黄桃大而且滑，勺不好用，最好是用筷子，吃时一扎，就夹出来啦!
对
错
等一下，我有个问题!
啊!
拽个老半天，你干吗要吃我的啊？肥疯儿!
疯了!
第三，吃别人买的，最香!

疯了！桂宝
-企鹅秘技-
哥，北极熊来啦，快跑啊！
噢！
哼哼，跑什么，我自有妙计！
哥太帅了！
男人啊！
我们这样这样……
唧唧！
喳喳！
熊来了，大家准备！
噢！
QQ隐身！
疯了吗？

疯了！桂寶 －最雷的人－

疯了！桂寶 -下载奇侠-

疯了！桂寶 －丑狗狗的丑－

疯了！桂宝
-启迪-
阿芹，我觉得你人挺好的，就是有点笨，我终于想了一个办法，请把耳机戴上。
哦！
插！
来，听听天才的头脑中的思想吧，启迪一下你的智商。

疯了！桂寶
-表情仔求爱记-
表情仔和符号妞的爱情是这么开始的。
一见钟情！
u_u
符号妞
表情仔
真情告白！
惊叹号大棒！
砰！
思考！
有了！
符号玫瑰花！
@^_^@
@
>
|
>
|
>
|
>
|

疯了！桂宝 -表情仔买猫记-

疯了！桂寶 –买猫奇谈1–

请问你这有猫吗？
有啊，您想要只什么样的猫？
我要蓝色的，不带耳朵的。
哦，没有这种猫吧，叫什么啊？
有！我在电视上看过！
叫机器猫！

疯了！桂賓
-买猫奇谈2-
我这里真没有机器猫，您还是走吧。
我早晚会买到的，再见。
奇怪……
这女的是够怪的。
她怎么知道机器猫在我这？
喂，你又疯了吧！
宝，安全了吗？
安全了！
疯了！不是吧！

疯了！桂宝
-好朋友-
妈妈，我带朋友来了！
你们好！
阿姨好！
阿姨好！
咱儿子老是交些狐朋狗友，这可怎么办啊？
芹爸！
芹妈！
乱说，孩子这么乖，哪来的狐朋狗友啊？
还说没有，你自己看！
爸爸，这是我朋友。
叔叔好！
哦！
狐朋！
狗友！

疯了！桂寳
-读者来信-
最近，很多桂圆写信给我，询问宝的个人问题。
嘻嘻，我们的女店长正在暗恋我，让我也很为难呢！
疯了，是你做梦吧！
因为我是个天才，工作太忙了，都没有时间约她啊。
疯了，是人家不理你吧！
而且，还要照顾我这个脾气暴躁的朋友，就更没时间了！
疯了，我这还不都是你逼的！

疯了！桂寶
-天才的秘密-
快乐的秘密在于……
如果你有幸拥有一池清水，
就不要妄图拥有，
整个海洋。

瘋了!桂寶 -见面-

瘋了!桂寶 —两根冰棒—

店长做了两根冰棒，一根奶油的，一根酸奶的，你要吗？
哈，我要酸奶的。
真好吃，对了，都是白的，你怎么知道哪根是奶油，哪根是酸奶啊？
猛嚼！
谁不说呢，店长也不做个记号，我当时也没分清呢！
吃得美！
多亏我把两根都认真地舔了一遍，才分出来了。

疯了！桂寶 -胖狗狗讲话-

疯了！桂寶 -唐僧的理想-

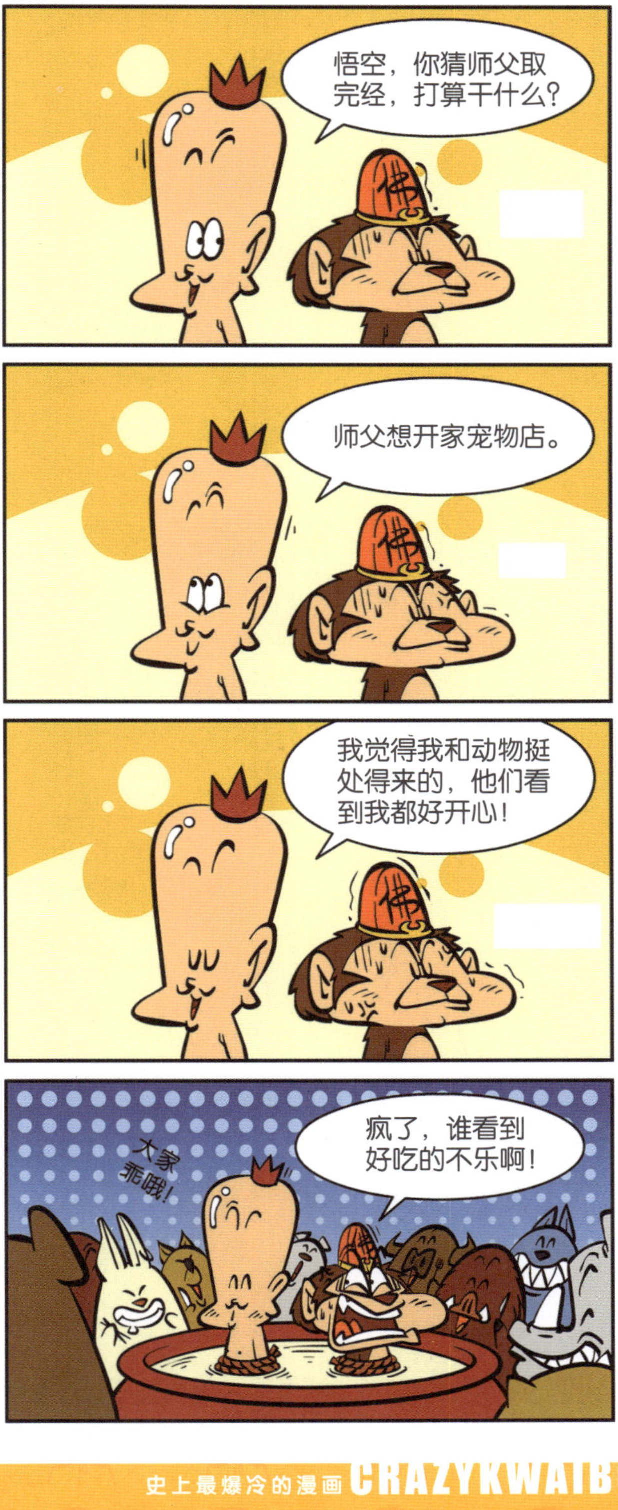
悟空，你猜师父取完经，打算干什么？
师父想开家宠物店。
我觉得我和动物挺处得来的，他们看到我都好开心！
大家乖哦！
疯了，谁看到好吃的不乐啊！

瘋了！桂寶 -囧人来店-

疯了！桂寶
-招聘-
我们招聘的工作是给猫狗做美容，真知道吗？
知道！
那你们认为你们真的能行吗？
能！
真的不再考虑考虑了吗？
是的，我们很有信心！
别赚钱不要命啊！
肉包子！
耗子！

疯了！桂寶 -看桂宝·上-

唉，最近你老公脸色不错啊！
他呀，天天都看我的桂宝漫画书！
唉！又看我的啊？你的呢？
都让我老爸给看坏了。
我跟我媳妇说，你也去弄本日本的呀，唉，人家就认准桂宝了！
干我们这行的，天天在外面跑，风吹日晒的，看了桂宝啊，嘿，还真对得起咱这张脸！

疯了！桂寶 -看桂宝·下-

疯了！桂宝
-同情-
阿芹，你真可怜！
我很同情你！
天天和我这么优秀的人在一起，你的压力一定很大。
大肥疯，我最烦的就是你！
发泄出来吧，发泄出来会好点。

疯了！桂寶
-我是宠物-
……
您怎么又来啦？这儿不能给您洗澡和剪指甲。
那给我美个容，行吗？
那是宠物美容！
我就是宠物！
您哪点像宠物？
这是我的身份证！
姓名 王宠物
性别 男 民族 汉
出生 1999年 9月 9日
住址 北京市京八胡同
公民身份号码 ××××××××××
您爸妈和您有仇吗？

疯了！桂寶 –桂总的秘书–

老王，以后小臭贝就是我的秘书了，不要叫它臭贝，要叫秘书。
是，桂总。
桂总！
什么事？
这个，能私下说吗？
大方点说，当着客户的面没什么好隐瞒的。
桂总，客气啦！
噢，桂总，您秘书刚才在会议桌上大便了。
哦！

疯了！桂寶
-减肥绝招-
大夫，我减肥老不成功，一吃饭就全控制不了自己，您看怎么办呢？
华佗
嗯，你这个是心理问题，我给你一张图，挂到饭桌旁就可以了。
不会很吓人很恶心吧？
放心，不是，这叫图像治疗法。
心理华佗
当晚小猪家饭厅的墙上……
肉联厂
屠宰卫生
合格

疯了！桂寶 -小鸡的梦-

狗大夫，我总梦到一个白胡子神仙对我笑，您说这在心理学上有什么说法吗？
心理华佗
八
是吗？你画出来我看看。
好！
画！
画！
画！
嗯，画好了，您看看！
肯大叔！
是好梦吗？

疯了！桂寶 —合算—

阿芹，你说买车合算，还是打车合算？
哈，骑车的最合算。
妙啊，小伙儿有才啊！
芹说得不准确哦！
那应该怎么说？
骑别人的车最合算。
精啊！
能算计！

疯了!桂宝
-痣相趣谈1-
耳垂上有痣的人，运气极佳，聪慧机智，生活富足安康。
唇正下方有痣的人，少年老成，做事踏实，处理事情非常果断。
鼻头有痣的人，财运佳，有异性缘，但需要注意理财与维护感情。
正所谓有痣不在年高，无痣空活百岁。
高人啊！

疯了！桂寶
-情绪谜语-
小鸡去北极，打一个情绪用词。
答案：
鸡冻（激动）
小鸡去下蛋，还打一个情绪用词。
答案：
蛋腚（淡定）

疯了！桂宝
—恐怖片—
一天小动物们和桂宝一起看恐怖片，大家都吓哭了，只有桂宝看得津津有味。
你猜大家看的是什么片子？
《午夜凶铃》？
不对！
《画皮》？
不对！
答案是……
那是什么啊？
《满汉全席》

瘋了！桂寶 -可笑-

瘋了！桂寶 –宝妹必杀技–

我最喜欢吃黄桃罐头，这就是我千辛万苦得来的极品黄桃，厂家每年限量只生产一罐。
嗷！
！
噢！
嚼
嚼
啊！
一般啦，没果冻好吃！
不要逼我大义灭亲！

疯了！桂寶 —好名字—

疯了！桂宝 -休息一会儿-

疯了！桂寶 -健康帽-

这是什么帽子啊，你是修道士啊！
你懂什么，这是最新款健康帽。
白天戴着不瞌睡，
晚上戴着睡得香。
那我感冒时，可不可以把它吃了？
哦！

瘋了！桂寶 -应急措施-

如果在暗恋的女孩旁不小心放了一个闷屁，要如何处理呢？我教给大家一个应急措施。
一个不小心
噗
不好，绝对不能让店长闻到！
啊，有飞碟！
是吗？！
快蹲！
噗
吸光！
空气清新了！危机解除了！
哈，可能看错了！
没有啊！

疯了!桂寶 -表情仔求婚记-
符号妞!
囍?
表情仔!
?
?
!
囧
惊叹号大棒!
弃男!
砰!

疯了！桂寶
-抢沙发-
我是沙发。
我是板凳。
我是地板。
我要抢沙发。
本集仅限于网友能看懂！

疯桂宝

桂记精品

瘋了!桂寶
-爸妈来访-
各位，今天我爸妈要来店里，打扰大家了。
二老不会比你还疯吧？！
好!
宝在吗?
来了!
爸妈的大宝在吗?
爸妈想死你了!
……
大家好!
阿姨叔叔好!
是亲生的吗?

瘋了！桂寶
-宝爸宝妈-
宝都瘦了！
完全不像啊！
想爸妈没？
店长刚刚打电话，说今天晚上请人家去吃烤肉！
烤肉！
烤肉！
烤肉！
让带家属吗？
当然可以！
应该是亲生的！

瘋了!桂寶 -家庭聚餐-

店长好，感谢招待！
叔叔阿姨好！
别奇怪，一会儿你就知道了。
谢谢您照顾桂宝啦！
是啊！
烤肉来啦！
噢！
噢！
噢！
噢！
美滋滋！
嗯，是亲生的！
明白啦？

疯了！桂寶 —基因问题—

嘻嘻，昨天看了我爸妈，知道我基因不错吧！
嗯，凭我的专业知识，你不仅是基因不错，而且绝对是……
昨天非常认真地研究了一夜！
是什么啊？
嗯！
基因突变！
哦！

疯了！桂寶
-痣相趣谈2-
腋下中央有痣的人，理财能力非常好，生活态度认真，有很好的积蓄。
膝盖上有痣的人，适合晚婚，也具有非常强的理财能力，婚姻运好。
屁屁有痣的人，为人热情活泼，人缘好，财运好，有超强的艺术感觉！
为了大家，我不得不露一次屁屁了。
有才啊！

疯了！桂宝
-上班奇谈-
哦！
早晨好！
裸疯！
墨笔牌
男装，
上班不
迟到的
选择！

疯了!桂宝 —好肤色—

有一天，奶油冰激凌遇到了巧克力冰激凌，非常嫉妒地问：
咦，你一定去海边度假了吧？
同样是冰激凌，你怎么就这么享受呢？肤色晒得这么漂亮！
巧克力冰激凌听了，非常认真地说：
对不起……
我是大便！
啊！

疯了!桂寶 -心理测试·上-

疯了！桂宝 —心理测试·下—
兔，外表像冰而内心火热的人最吸引你。
生活中你会被哪一类人吸引呢，我们来看看测试结果。
客串：桂宝
鹿，优雅及有礼貌的人最吸引你。
客串：可爱叮
羊，顺从而温暖的人最吸引你。
客串：阿芹
马，不受约束向往自由的人最吸引你。
客串：胖狗狗

疯了！桂寳 —色彩测试·上—

一个超准的心理测试，可以问你想问的人："在你的心里我是什么颜色？"
1. 白色
2. 蓝色
3. 红色
4. 黄色
5. 橙色
6. 绿色
7. 紫色
8. 粉色

疯了！桂宝 –色彩测试・下–

1.白色，
是心灵深处的人。
2.蓝色，
是最爱的人。
3.红色，
是不喜欢的人。
4.黄色，
是不会忘记的人。
5.橙色，
最值得交的朋友。
6.绿色，
是偶尔想起的人。
7.紫色，
是最可靠的人。
8.粉色，
是有魅力的人。

疯了！桂宝 －可爱叮的理想－
这是可爱叮，可爱听话又漂亮。
……
小叮你这么喜欢地球仪，将来一定能成为一个出色的地理学家！
谢谢老师！
这就是可爱叮……
哼哼，总有一天，我会统治地球的！

疯了！桂宝 -可爱叮过生日-
祝可爱叮生日快乐！
可爱叮许个愿吧！
小叮要许什么愿啊？
好！
不会是要男朋友吧？
嘻嘻，害羞了不是。
保密啦！
神啊，求求你，请让我当世界的女王吧，我会好好统治世界的，阿门！
神
非常认真的！
严肃的！

疯了！桂寶 －宝的理想－

可爱叮，你的理想是什么？
老师，我长大要绿化地球！
非常好！
哼哼，我的理想其实是征服地球，哈哈哈。
宝的理想呢？
我的理想是保卫地球！
也很好！
敌人！

疯了！桂宝 -永红花-

老师最近老批评我这个好学生，唉，真是人无千日好，花无百日红啊！
噢！
你错了，有个花几十年了，还红呢！
很严肃！
什么花？！
刘德花（华）
华仔，你老霸道了！
哦！

疯了！桂寶 -小白和小的-

说有一晚，小白边揍小的边回家，被大白看到了。
小白！
小的！
救命啊！
噢！
小白，你太暴力，为什么揍小的！
大白！
呜！
小白无奈地说：
没办法，下班太晚，只能打的回家了。
打的！
哦！
大白想了想说：
我也刚下班，那就一起打的回家吧。
苍天啊！
好

疯了！桂寶 —找刀记—

吃西瓜啦，找把刀，就赏你一块尝尝。
拜托给我铁的，好吗？
手刀！
给！
谢谢，给我带刃的，好吗？
螺丝刀！
给！
神啊，救救我吧，给我换个同桌吧！
指甲刀！
给！
啊！

疯了！桂寶
-金字塔奇谈-
宝第安纳·琼斯博士，这就是金字塔了！
咚！
看！
看！
不对，这里肯定不是你说的那个塔！
为什么？！
还金子塔呢，也没金子啊！骗人！
哦！

瘋了！桂寶 —木乃伊—

我就不信没有金子。
博士，别在金字塔里走了，这里危险。
木乃伊！
无知蠢人，胆敢侵扰法老陵墓。
我要你们交出最宝贵的东西，哼哼，你们有没有带……
带什么？！
带手纸了吗？帮我缠上点，这里好冷啊！
疯伊

疯了!桂寶 -至理名言-

瘋了！桂寶 -天下第一拍-

有苍蝇。
不要动！
看我的天下第一拍！
大家注意我的动作，打苍蝇，要前腿拱，后腿绷，拍子上扬135度角，然后快速挥拍打击。
135°
啪！
……
没想到我重出江湖，就遇到如此高蝇！
笨肥疯！

疯了！桂寶 -痣相趣谈3-

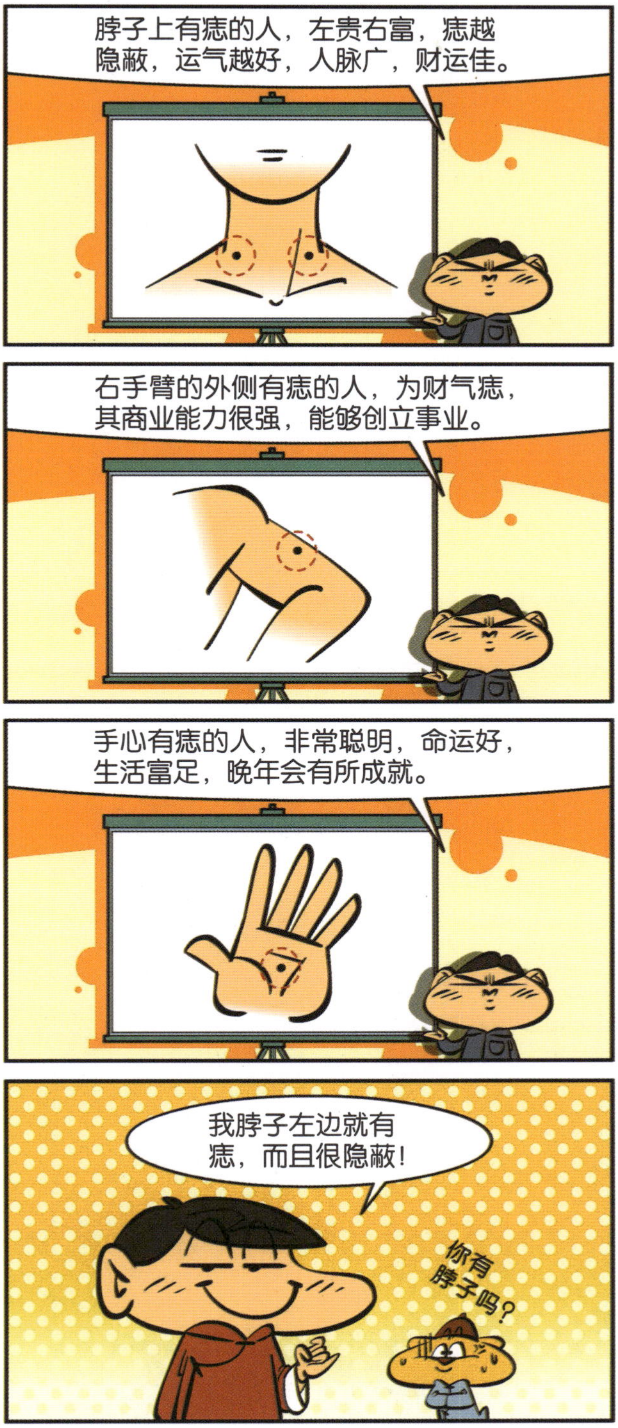
脖子上有痣的人，左贵右富，痣越隐蔽，运气越好，人脉广，财运佳。
右手臂的外侧有痣的人，为财气痣，其商业能力很强，能够创立事业。
手心有痣的人，非常聪明，命运好，生活富足，晚年会有所成就。
我脖子左边就有痣，而且很隐蔽！
你有脖子吗？

疯了！桂寶 –打得开心–

宝，我最近失恋了，非常不开心。
让我打你一顿，你就开心啦！
疯了！打我还开心，我有病啊。
我说的是用这个打！
快打我啊！快打我啊！

疯了!桂寶 —臭贝的困惑—

疯了！桂寶 –八戒的无奈–

疯了！桂寶 -讲究-
一天，宝和芹一起去厕所。
我这人非常讲究。
怎么？
放屁都要来厕所放，以免污染环境。
噗
嗯，我比你讲究多了。
怎么可能！
我是脱裤子放屁，以免污染环境和裤子。
你真讲究啊！
噗

瘋了!桂寶 -请客绝招-

疯了！桂寶 -天才的对错-

瘋了！桂寶 —蝇星来客1—

在深邃的宇宙中，苍鹰号飞船在孤独航行着。
轰轰轰！
报告总部，我已经登陆dq008星球，目前没有发现生命迹象！
啊！这是？！
……
这不是做梦吧！哈哈！
发达啦，哈哈！我们家几代都够用啦！

疯了！桂寶 -蝇星来客2-

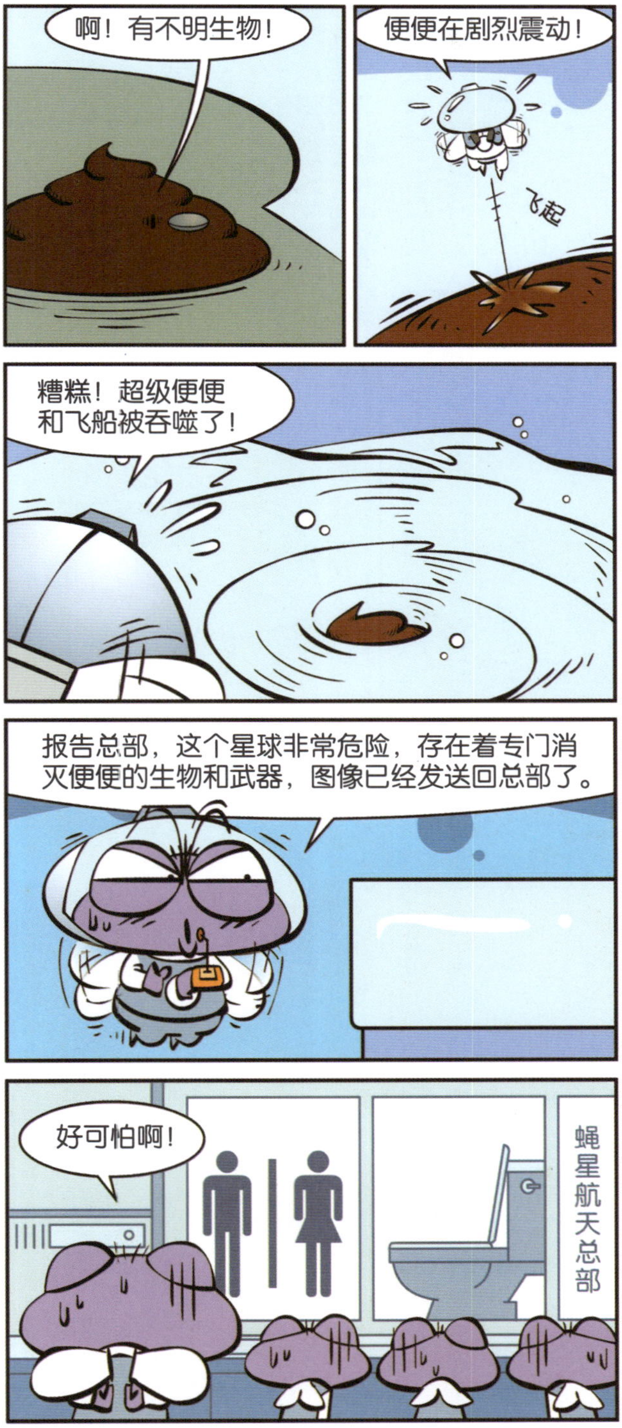
啊！有不明生物！
便便在剧烈震动！
飞起
糟糕！超级便便和飞船被吞噬了！
报告总部，这个星球非常危险，存在着专门消灭便便的生物和武器，图像已经发送回总部了。
好可怕啊！
蝇星航天总部

疯了！桂宝
-蝇星来客3-
报告总部，我的飞船和刚刚发现的超级便便都被危险生物消灭了，我回不去了，我准备引爆超级炸弹和所有的危险生物同归于尽。
阿蝇上校，我们会怀念你的！
嗯，看到了那么大的便便，我此生也没什么遗憾了。
蝇星万岁！便便万岁！给我老妈带好，我这就要启动炸弹啦！
啪！
哼哼，哪来的苍蝇了，嗡个老半天，非逼我天下第一拍出手！
桂宝终于保护了地球！

疯了！桂宝
-蝇星来客4-
嗒！
冲！
哗！
我这是在哪啊！
啊！这是！
下水道
这是在天堂吗？！
喂！
帅哥衣服挺酷啊，哪飞来的？
外星！
外星蝇与地球蝇的爱情就这样开始了……

疯了！桂寶 -谜语脸-

看了冷漫画，你的脸就不再是普通的脸了。
嗯？
而是一张谜语脸，打一食物。
你要说是猪头肉，我就咬你。
非也，非也！
那谜底是什么？
是冷面！
哦！

疯了！桂寶 —防辐射必读—

当今白领在工作中，每天都要面对着电脑，不可避免地会受到电脑辐射的侵害。
辐射！
长此以往，面部皮肤会出现发干、爆皮的现象。身体也会出现疲劳、记忆力下降等症状。
那么要怎样才能防护呢？
哼哼，遇到我，白领们就有福啦，请看我们研发的新产品。
噢？
桂宝牌白领时尚防护装。
office有鬼！
面具
丝袜
雨衣

瘋了！桂寶 –害怕咚的思维–

这是害怕咚，他什么都害怕。
小咚，你觉得我发型帅不帅？
嗯！要是说不帅，怕会伤感情，要是说帅，怕显得不真诚；要是说快了，怕觉得我没认真看；要是说慢了，怕觉得我很不情愿看。我看就不快不慢的，夸他不好不坏，哎呀，也不行！这不符合逻辑啊，怕会觉得我在欺骗他……
说话啊，你怎么了？
……
啊！我恨我自己！
什么毛病？

疯了！桂寶 —害怕咚买狗记—

宝，我想买条狗，我要通过养狗克服自己没有安全感、爱害怕的毛病。
好啊，我支持你！
养狗其实很简单，也就是预防一下人畜共患的传染病、寄生虫病、皮肤病、皮毛过敏，家里注意点卫生，狗的排泄物会产生很多细菌，不及时处理，蒸发后会在室内的空气中游荡……
对了，你要什么品种的狗？
……
啊！我恨我自己！
又疯了！

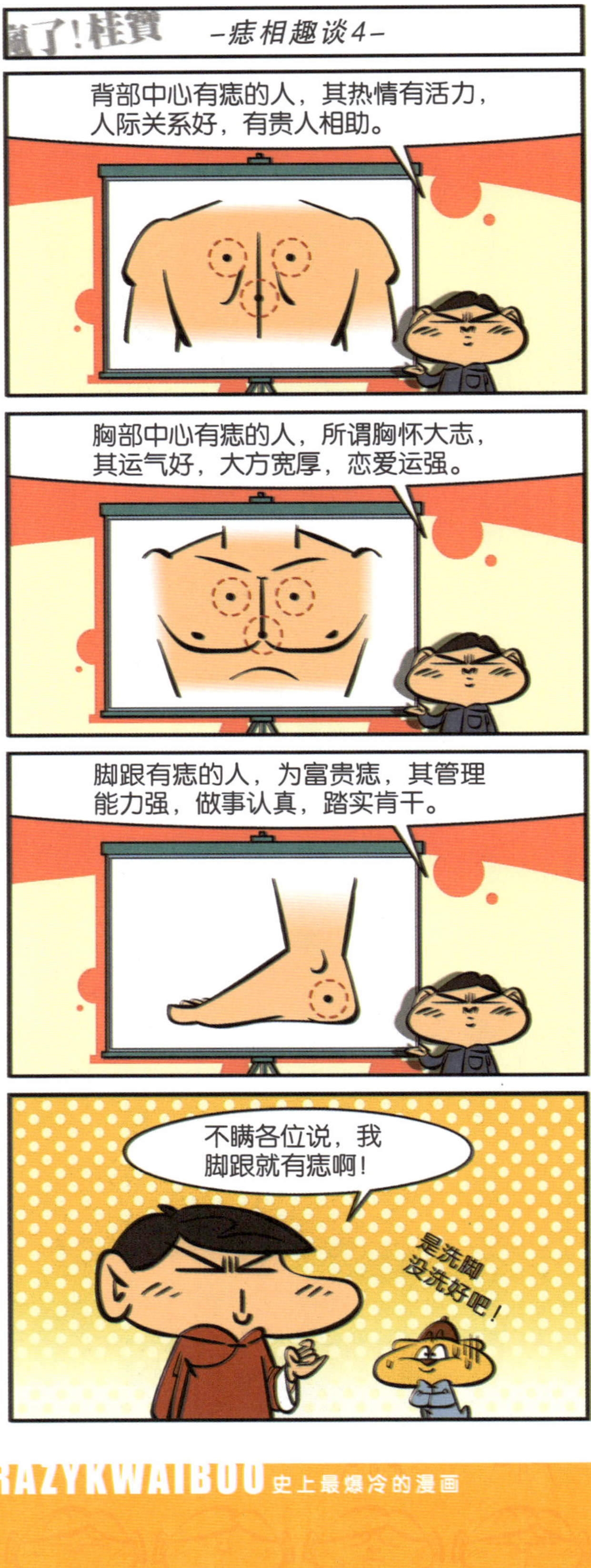
疯了！桂宝
－痣相趣谈4－
背部中心有痣的人，其热情有活力，人际关系好，有贵人相助。
胸部中心有痣的人，所谓胸怀大志，其运气好，大方宽厚，恋爱运强。
脚跟有痣的人，为富贵痣，其管理能力强，做事认真，踏实肯干。
不瞒各位说，我脚跟就有痣啊！
是洗脚没洗好吧！

疯了!桂寶 -春妞大小姐-

宝路路集团总裁千金春妞大小姐，最近天天光顾宠物店，洗小狗。
这位女同志你天天来，狗都要洗废了，为什么啊?
又来!
我不得不说了……
怎么?
因为我喜欢你!
不是吧!

疯了！桂寶 —爱的理由—

春妞小姐，我们很好奇，你喜欢他哪里呢？
哪啊
他眯着眼睛严肃的样子特别帅。
想象图
是一个人吗？
而且最关键的是他很像……
像什么？
像我最爱的机器猫！
想象图
什么品位啊！

疯了！桂寶 —宝的决定—

春妞小姐，我不能接受你的好意。
为什么？
因为我不愿意用我的美貌来换取财富。
英俊的天才都是自强的……
噢！宝更帅了！
唉，我太有魅力了！

疯了！桂寶 —春妞后记—

疯了!桂寶
-小猪的问题-
小猪问妈妈：
我们生命的意义是什么呢？
我们让人类花大把大把钱越吃越胖，然后再花大把大把钱去减肥，创造了很多就业岗位，促进了人类社会的经济繁荣。
妈妈，那我们怎样才能实现这生命的意义呢？
去死！
哦！

瘋了!桂寶 -面膜奇谈-

疯了！桂宝
-食人族-
完了，博士，食人族！
野蛮人，你们吃人会有报应的！
请淡定，您误会了。
我们食人族现在也都很文明了，很讲科学的。
啊！
噢，我以为你们还吃人呢！
嗯，我们还是吃的！
只是不吃您这种高脂肪含量的垃圾食品，这个瘦的可以留下。
哦！
垃圾食品！

瘋了！桂寶 -宝的昵称-

小桂子，早上好！
同志们，不要再叫我小桂子啦，我是纯爷们儿，人家将来还要找女朋友呢！
你们好好想想，给我换个成熟稳重的昵称吧！
认真思考！
桂公公！
我要选你们入宫！

瘋了！桂寶
-爱情摊-
给我来两斤。
爱情
批发

疯了！桂宝
-郎才女貌-
老公，我觉得我们巧克力冰激凌，虽然又香又可爱，但没有奶油冰激凌他们有气质！
你说我要是再美美容，带些果仁，加些奶油，我们俩是不是就更郎才女貌啦！
老婆，面对现实吧……
啊？
我们是大便！
天啊！

疯了！桂宝
-一代宗师-
一只鸡上山，向教抽风的宝大师求教。
宝大师，跟您学抽风能不能改变我的属性？我不想再当家禽了。
能！只要苦练，你一定能改变！
前情请见第一季78集
这只鸡为了改变命运，苦练抽风，成绩突出。
好鸡啊！好鸡！
终于有一天，宝大师非常欣慰地对鸡说：
你已经学成了，从今以后你就不再是鸡了，而是变成了一个杰出的……
的什么？
抽风机！
抽风鸡！

疯了！桂宝 –宝整容之整耳–

你确定要整成和这个明星一样的耳朵吗？
嗯，确定，他是我的偶像，我特别喜欢他的耳朵，太帅了！
嘁里
喀喳
刷
刷
好紧张哦！
刷
哈！我是米老鼠啦！
记住风大的时候别上街！

瘋了！桂寶 –丑狗狗的反思–

疯了!桂寳 -笔的呐喊-

我们好惨啊，现在大家都用电脑
写文章画画啦，我们哥俩失业啦!
突然，字跳出来大叫:
我们比你们惨多啦!
你们一没活干，
我就天天被人打啊!

疯了!桂寶 -看春晚-

前情请见第一季137集
第二季162集

疯了！桂寳 –宝整容之整嘴–

你确定要整成和这个明星一样的嘴唇吗？
嗯，是啊，他是我的榜样，我特别喜欢他的嘴唇啦，太帅了！
嘁里
喀喳
刷
刷
好紧张哦！
刷
哈！我是唐老鸭啦！
要是下蛋了别找我！

追逐风，
追逐海浪，
我们在快乐的大道上~
AG3000000

疯了！桂宝 —血型求爱·A型—

A型血人被突然示爱时的表现。
接受时：
你怎么这样啊？我不喜欢冲动的男生，以后不许再这样了。
早该这样啦！我最喜欢浪漫的男人啦！以后不许再对别的女人这样！
拒绝时：
你人真的很好很淳朴，但我还是没有勇气接受你。
你人真的很烦很老土，我真没有勇气细看你这个猪头！长这样还想追本大小姐，欠扁！
A型血的人很讲究啊，很值得大家学习啊！
我就是A型血！
A型血，愿意隐藏内心的情感，越是拒绝，越是礼貌，反容易让人误会。

疯了！桂宝 –血型求爱·B型–

B型血人被突然示爱时的表现。
有没有搞错！求爱也多买几朵啊！记住，做我男朋友，一定要浪漫加浪漫，算了，本小姐今天心情好。一会儿我们到哪儿吃饭啊？
接受时：
别废话！给我消失！
表情仔！
砰！
无情冰火棒！
拒绝时：
我特服B型血，真是生猛的种族啊！
B型血，性格直率坦白，小胡同里赶猪直来直去，非常豪爽。

瘋了！桂寶 –血型求爱·O型–

O型血人被突然示爱时的表现。
接受时：
嗯，好吧，人家好害羞啊。
哼哼，诱惑了你这么长时间，终于上钩了，财貌双全的帅哥我怎能放过，哈哈。
拒绝时：
对不起，不能接受，88。
我敢来，躲你好几天了，今天就在这儿，等着给你来个痛快的呢，哼哼！
O型血很适合当军事家啊。
O型血，早有准备了，目的性与计划性非常明确。

疯了！桂寶 -血型求爱・AB型-

疯了！桂寶 -水的故事-
水谈恋爱了，就变成很甜美的糖水。
你好美！
你好帅！
后来，他和恋人吵架了，就变成了汽水。
你不温柔！
你不体贴！
失恋以后，他就一个人看《桂宝》来排忧解闷，可是，你猜他又变成什么？！
天才都是孤独的！
没失恋过的人是可耻的！
答案是：他变成了冰水！
好冷哦！

疯了！桂寶
-停水危机-
小小帅哥清早起床，没穿衣服去洗澡！
哦，停水了！
再不走就来不及了！这是我第一次约店长，绝对不能迟到，但我这一头的肥皂怎么办？
我是天才，我要冷静，我会想出办法的。
……
有了！

瘋了!桂寶 —一个就够—

疯了！桂寶 —谈手相之生命线—
生命线不仅象征着生命力，同时能看出人的优势信息。
生命线
生命线末端环绕拇指一周的人，健康聪明，精力旺盛，要注意不能太强势，影响感情。
聪明！
生命线末端向下有分叉的人，运气好，晚年身体健康，财富和地位都会继续增加。
健康！
嘿嘿，我这就有健康的分叉噢。

疯了！桂宝
-好礼物-
亲爱的，猜猜我给你带来了什么礼物。
什么啊？
你肯定喜欢的。
到底是什么啊？
看，杰伦的精选CD！
2508年，火星殖民地
啊，你怎么知道我喜欢古代名曲！

疯了!桂寶 -宝神算之贵妇-

宝
神
算
宝先生，最近心情不好，您给我算算!
从面相看，你是贵妇的命啊!你一生养尊处优，有人伺候。
不过，你没有自己的事业，只能靠献媚于人，过好生活，一旦被人抛弃，就一无所有。
呀!太准了。
所以说，女人还是要自强自立啊。

瘋了!桂寶 -职业装-

疯了!桂寶 －看兽医－

我最近咳嗽，要去医院看看。
我可以给你看看啊。
哦，你不是兽医吗?
严格说来人也是动物。
那么你是说我是禽兽喽!
啊，误会了，你当然不是。
那你就是说，我禽兽不如喽!
晕!

疯了！桂宝 -今人与古人-

我觉得古代人很环保，不污染环境。
你错了，古代人不是不想污染，而是没能力污染。
你看现在污染多厉害，现代人就是愿意污染环境。
你又错了，现代人不是想污染，而是没能力不污染。

疯了！桂寶 -宝造型之气势-

宝大师，我今天要参加晚宴，好好给我造个型吧！
OK，要个什么感觉的？
要一个非常有气势的造型！
OK，跟我进化妆室。
刷！
刷！
啪！
啪！
大象妆！有气势吧！
哈，真酷！
灰粉底！
塑料袋！
长筒袜！

瘋了！桂寶 －谈判之箭头－

疯了！桂寶 —准备工作—

咕噜！
唉！还有4天。
?!
唉，他减肥吗？怎么整天就喝水啊。
4天！
不用管他，店里周末要请大家自助餐，他从周一开始就只喝凉水作准备。
馋疯了吗？
唉！

瘋了!桂寶 —做米饭—

宝，你又把饭煮稀啦！你有点记忆好不好？
不是告诉过你吗，水高出米一个指节就可以！
我没忘啊，每次都把指头插进去试的。
我不信！
不信你看，上面还有米粒呢。
我信了！

疯了！桂宝
—宝造型之异域—
宝大师，我晚上要参加个舞会。
OK，想要个什么造型？
要一个有异域情调的造型！
OK，跟我进化妆室。
刷！
刷！
啪！
啪！
斑马妆！有异域情调吧！
哈，真酷！
非洲斑马驴！

疯了！桂寶 -全套疯话-

疯了！桂寶 -谈手相之智慧线-

疯了！桂寶 -绝妙药水-

在宝斯坦博士的实验室里，传出了可怕的笑声。
哈哈哈哈……我终于研制出了让人变漂亮的药水。
哈！
嘭！
嘭！
变！
嘭！
哼哼，我终于变帅了！美女们，快来追我吧！
啊！博士有个问题！
嗯？
我感觉帅得还不够全面。
怎么说？我这样还不够帅吗？
您说是不是应该把身材也变一下？
噢！

疯了！桂寶 —宝造型之高贵—

宝大师，我今晚要美色独唱，给我造个型吧。
OK，要个什么感觉的？
我要个华丽的俊美造型！
OK，跟我进化妆室。
刷！
刷！
啪！
啪！
棒棒糖！
孔雀妆！够华丽高贵吧！
苍蝇拍！
哈，真美丽！

瘋了！桂寶 —桂的心血—

瘋了!桂寶 –宝神算之安逸–
宝神算
客官来了也不说话，必是要考考我的功力。
从面相看，你目前衣来伸手，饭来张口，特别的无忧无虑。
你虽然很安逸，但是我掐指一算，测出客官今夜必有一劫！那就是……
你晚上要尿床！

疯了！桂寶
-变身超人-
啊，有人抢劫！
把钱交出来！
哦！
是我超人出手的时候了！
快点！
变身！
嗖！
呼！
刷！
我要代替月亮消灭罪恶！
鬼啊！
变态啊！

疯了！桂寶 —宝妹的妹妹—

疯了！桂寶 —宝美发之酷头—

宝大师，我
要理个发。
同志您又来啦，这
次要个什么样的？
我这次要剪个
特别酷的发型！
噢！
OK，包你满意！
剪！
剪！
剪！
剪！
正宗裤头！
够酷吧！
过瘾啊！

瘋了!桂寶 -天才的法宝-
想知道幸福的滋味吗?
如果心情不好的时候……
我有一个开心的法宝!
来个黄桃罐头尝尝吧!

瘋了!桂寶 -请勿打扰·上-

疯了！桂寶 —请勿打扰・下—

疯了！桂寶 –宝理发之可爱–

宝大师，我要理个发。
同志您还来啊，这次要个什么样的？
我这次要个人见人爱的发型！
噢！
OK，包你满意！
剪！
剪！
剪！
剪！
正宗兔子头！绝对可爱！
哈，突然很想吃萝卜啊！
讲究啊！

疯了！桂宝 —谈手相之事业线—

疯了！桂寶 -美不美-

疯了！桂宝 -雪花趣谈-

真美，满天雪花啊！
是啊！
要是我现在能吃到香香的，像雪花一样的东西就好了。
噢！
有啊，你等着！
嘻嘻！
屁颠颠！
小伙儿又很幽默啊！
给你！
雪花膏！
哼哼！

瘋了！桂寶 －师父的关心－

八戒啊，你穿得太少了。
……
哦！
八戒啊，一会儿把我的袈裟披上吧。
……
谢师父！
师父真好，对徒弟就是关心啊！
什么啊！
他是怕八戒得流感啦！
哦！
八戒啊，你今天体温多少啊？
哦？

疯了！桂寶 —蜗牛的感慨—

疯了！桂寶 -幸亏有我-

疯了！桂寶 —手纸神功—

以下是关于手纸的几种玩法。
木乃伊！
阿拉伯酋长！
上帝！
不要再玩了，我要上厕所。
奉天承运，皇帝诏曰，阿芹再乱叫，就不许便便，钦此！
臣遵旨。桂公公把坐便让开吧！
乱蹦！

疯了！桂寶 -不是精-

芹，你有个毛病，就是特别爱说不是。
不是啊！
看，又说了！
哦！
不是，我说不是，是为了解释我不是老爱说不是！
你又说了四个不是。
不是！我这四个不是，不是因为我爱说不是，是因为你说我爱说不是，我要解释一下，我绝对不是老爱说不是。
不是精诞生了！

疯了!桂宝
-鹦鹉趣谈-
一天，一个人去买宠物。
嗯，请问，这只鹦鹉多少钱？
汪汪
噢！
喵喵
这个不卖。
为什么？
喵喵
汪汪
噢！
不是吧！
它是来我们店兼职当翻译的。
汪汪
噢！
喵喵
突然，鹦鹉说话了！
客官请自重，帅哥我只卖艺不卖身！

瘋了!桂寶 -不开心-

我不开心！因为……
我没有迷人的外表，我没有富贵的家世。
我没有美丽的爱人，我没有天才的智慧。
你错了，这些都不是
你不开心的真正原因。
那是什么？
你不开心，不是因为你有的
太少，而是因为你要得太多！

疯了！桂寶 －傻郭靖之真傻－

靖哥哥，我就是你的那个小兄弟啊。
啊，小兄弟，你原来是女孩啊！
蓉儿！
靖儿！
我真傻，一直都没看出来，还以为你是男人呢。
呵呵，我就喜欢你傻！
哈哈，我笨？傻丫头，你以为我没看出来啊，追的就是你，我是个爱情天才，哇哈哈哈哈……
靖哥哥你傻笑什么呢？
啊，没什么！
江湖险恶啊女同胞们！

疯了！桂賓 -傻郭靖之前辈-
靖哥哥我给你介绍几位武林前辈。
好啊，蓉儿。
我爹东邪黄药师
卖野药的！
偷笑！
西毒欧阳锋
养蛇专业户！
偷笑！
南帝段王爷
老和尚！
偷笑！
北丐洪七公
要饭的！
偷笑！
这位是中神通周伯通。
幼儿园没毕业的！
前辈好！

疯了！桂寶 –傻郭靖之翁婿–

黄老前辈，就把蓉儿许了吧！
就凭你这个傻样，我怎么能把女儿许配给你呢？
这老头嘴硬心软，早晚听蓉儿的，咱爷俩慢慢耗吧，来得及。
这小子就是傻了点。其实他还行，比欧阳克老实多了。
婚后，我要把桃花岛开发成旅游胜地，桃花药业公司也要正规化上市，哈哈哈哈……
最重要的是，他可以倒插门到我家，养老女婿也很合算啊！哈哈哈……
你们两个傻笑什么呢？
没什么！
我也没什么！

疯了！桂宝 -武侠真谛·上-
唉，杨康弟失败的原因是什么？
就是没处理好恋爱和工作的关系，康弟又爱穆念慈，又想当金朝的王爷。两样都想要，最后什么都没得到！
我成功的原因是什么？
就是我只要一样，最后两样都得到了。我为了爱蓉儿，放弃了当元朝的附马，最后却成为了一代大侠！
人生啊，就在舍得之间！

疯了!桂寶 —武侠真谛·下—

所以说，21世纪的武侠世界最需要什么人才？！
会装傻有远见的人才！
靖哥哥！
哥来啦，蓉儿老婆大人！
补充一下，是能装傻有远见爱老婆的人才！

疯了！桂宝 -可爱叮的画-

疯了！桂宝 —谈手相之感情线—

疯了！桂宝 –漫画家演化论–
漫画家长期坐着画画，得不到运动，会比较胖，屁股也会越来越肥。
漫画家白天睡觉，晚上工作，每天宅在屋里，晒不到阳光，皮肤会越来越白。
漫画家每天熬夜画稿，黑眼圈也会越来越大，所以……
大家要振奋起来！总有一天，我们漫画家都会成为国宝！
熊猫桂桂！

疯了！桂寶 –最大困难–

船长日记，宇宙历110年5月4日，我一个人驾驶着飞船，在茫茫的宇宙中航行。
一个人是非常孤独的，在茫茫宇宙中，经常遇到很多危险。凭借着勇气和智慧，我克服了一个又一个的困难。
可是今天，我遇到有史以来最大的困难，这事关我的荣誉与尊严，这个困难就是……
我忘带手纸啦，谁来给我送啊！
静寂的宇宙中传来了凄惨的叫声！

疯了!桂寶 -宝的脸-

疯了!桂寶 -鲜花与牛粪-

话说一朵鲜花插在牛粪上。
唉，可怜我天生丽质，好不容易插了坨牛粪，牛粪竟然不新鲜！
拜托，我是最鲜的啦，你要还想更鲜，就只有一个办法了。
什么办法啊？
直接插到牛屁股上！
哦！

瘋了!桂寶

-想创意-

每行、每列、每个对角线的三个数字，
桂圆们加一下看看。

疯了！桂宝 –讲文明–

疯了！桂寶 –谈手相之婚姻线–
婚姻线代表婚恋运的信息，是大家比较关心的一条线。
婚姻线
婚姻线前端上升，并触到命运线的人，多会有非常显赫的伴侣，会因为婚姻加强运势。
良缘
婚姻线的中间，又出一条线的人，与伴侣分手后，多还能和好如初，破镜重圆。
重圆！
我的婚姻线情况，接着保密。

疯了！桂宝
-不许上网-
妈妈，我真的很想上网啊！
绝对不行！一上网，你就要完了！
妈你放心，我一定不会有网瘾的！一定不会影响学习的！
那也不行！
可是，不上网怎么跟得上时代呢！
就是不行！谁都可以，可我们绝对不能上网！
到底为什么不能上网啊？

疯了！桂寶 -高人驾到-

注：第2季第3集有介绍

瘋了！桂寶 –可爱宠物–

我喜欢那个胖的。
嘻嘻，好可爱的宠物啊！
我喜欢那个瘦的。
唧唧！
喳喳！
我喜欢那个白的。
我喜欢那个黑的。
唧唧！
喳喳！
宝妹，你又带同学来逗宠物啦，你们这看到什么啦？好吵啊！
阿芹哥，快来看啊！
嘻嘻！
师弟，热带地区的人，真热情啊。
嗯，别回头，淡定！
唧唧！
嘻嘻！

疯了！桂寶 —制冷神功—

芹，空调坏了，怎么还这么凉爽啊！
因为桂宝他们在运功制冷！
不是吧！怎么可能！
真的，我偷偷带你过去看看！
噢，好。
冷笑派神功！千手冷观音掌！
靠近感觉更凉爽啊！
好厉害！

疯了！桂宝 -名师出高徒-

我们正好师徒四人，也都是人才，应该做点大事才对。
是啊！师父！
我看我们师徒四人就去西天取经吧！不比唐僧他们四个差！
哦！
有想法！
老疯头！
师父，西天太热，还是去冬（东）天吧，凉快！
惊！
噢！
疯笑派后继有人了，宝这回答太有才了！
师父夸奖了，徒儿还得努力！
好师弟！
我很欣慰！
师兄真有才！
一群疯子！

疯了！桂宝
-最新研究-
你师父真取经去啦，他究竟是什么人啊，太有性格了！
我师父其实就是我爷爷！
嗯！！！
噢！我终于知道了！
什么？！
是隔代遗传！
您老还研究这事呢啊！

瘋了！桂寶
-巧遇-
一天，唐僧师徒正在去往西天的路上走着。
忽然，看见迎面走来三人，一个个气宇非凡，绝非寻常之辈。
唐僧忙上前问道：
敢问三位施主去往何方？
我们要去东天取经！

疯了！桂宝 -心仪的男生-
店长，你喜欢什么样的男生啊？
让我想想……
我喜欢长发的男生。
噢！
?
第二天
店长早上好！
我去工作了，8！
有病！
……
不是吧！

疯了！桂寳 —听笑话—

疯了！桂寶 —胜利的原因—

各位观众！本届的减肥大赛的冠军是：
小肥猪先生！
减肥前照片
谢谢大家。
小猪同志，观众们都非常好奇，请问以您的资质，为什么能赢得比赛呢？
我胜利的原因很简单，那就是……
啊！是什么？
你们减肥是为了臭美，我减肥可是为了保命啊！

疯了！桂寶
-友谊比喻-
让我们的友谊像肯德基和鸡一样，天长地久！
我是很感动，但感觉哪里不是很对劲啊！
噢！那我换个说法。
也好！
让我们的友谊像麦当劳和牛一样，天长地久！
还是不对劲！

疯了！桂寶
-行为艺术-
QQ
MSN
红绿灯
奥迪
我们是……
奥林匹克！

疯了！桂寶
-大师赐教-
欢迎大家加入桂圆派，
今天我给大家露几手！
恭请师父赐教！
劈黄瓜！
嘿！
打豆腐！
哈！
开香瓜！
开！
练完收功！
ok！
大家今后好好跟我学，必会名闻江湖！

疯了！桂寶 －丑狗狗的总结－

狗其实最不好混了，
用的都是傻力气，看门护院，外带讨好。
猫就会用巧劲、懒懒散散，倒过得挺滋润。
所以说，成功也是要看方法的。

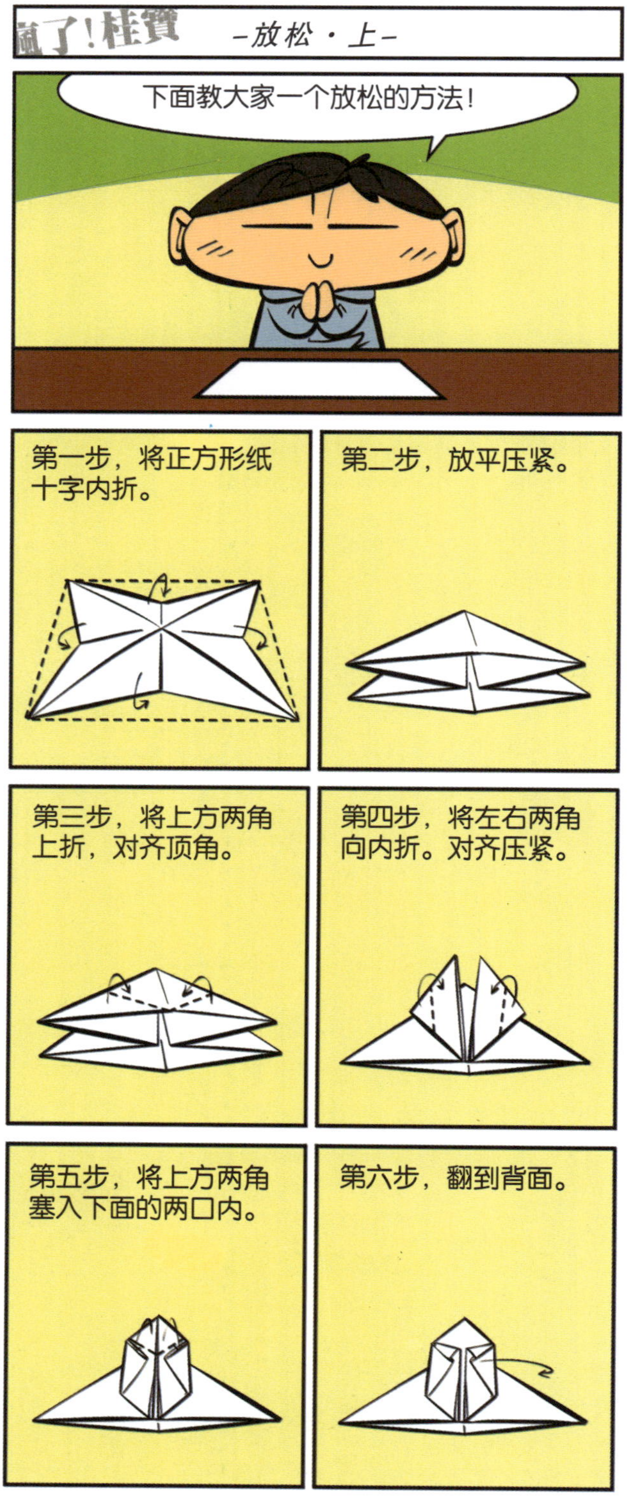
疯了！桂宝
-放松·上-
下面教大家一个放松的方法！
第一步，将正方形纸十字内折。
第二步，放平压紧。
第三步，将上方两角上折，对齐顶角。
第四步，将左右两角向内折。对齐压紧。
第五步，将上方两角塞入下面的两口内。
第六步，翻到背面。

疯了！桂寶 —放松·下—

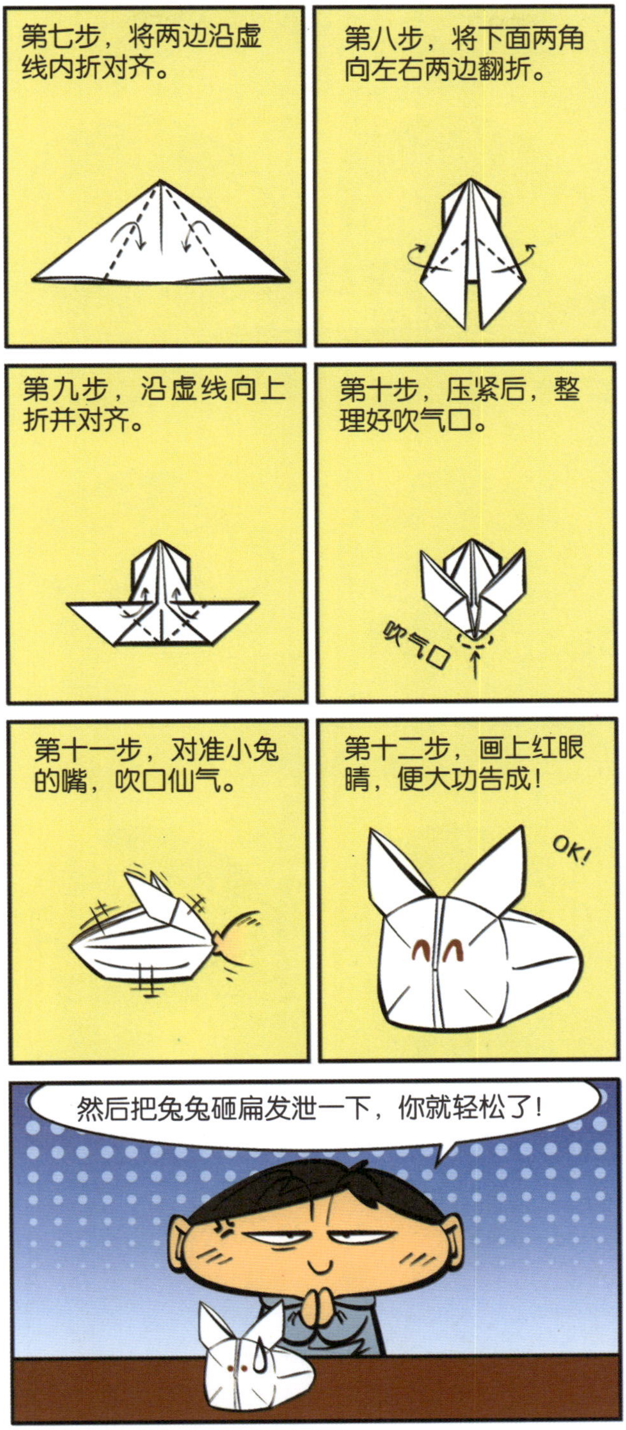
第七步，将两边沿虚线内折对齐。
第八步，将下面两角向左右两边翻折。
第九步，沿虚线向上折并对齐。
第十步，压紧后，整理好吹气口。
吹气口
第十一步，对准小兔的嘴，吹口仙气。
第十二步，画上红眼睛，便大功告成！
OK!
然后把兔兔砸扁发泄一下，你就轻松了！

疯了！桂宝 -魔术教学·上-

疯了！桂寶 —魔术教学·下—

本魔术的教学开始，先选择较轻的一毛硬币。然后坐在朋友的右边，左撇子请坐在左边。
噢！
然后注意我的手法，在第二次敲下去时。
手经过脸颊时，自然地把硬币黏到脸上。
注：左撇子的方向相反
当手敲到桌子时，硬币就已经消失了。
此时，硬币已经贴在脸上了。
要点是，吃饭出汗时变最好，如果觉得会黏不住，可以在硬币上抹点菜里的油，增加黏度。
注意不要抹带颜色的！
宝太有才了！
面酱！

疯了！桂寶
—说错话—
阿芹和女友阿玉吵架了，又没睡好，第二天迷迷糊糊地吃饭时，宝问他：
阿芹，你一会儿去干吗？
别烦我，我一会儿吃完屎去拉饭。
阿芹本来想说：我吃完饭去拉屎。
哦！
哦，说错了！我一会儿拉完饭去吃屎！
还不对吧！
别管我，让我自生自灭吧！
哦，那你慢慢拉，我拉完澡去洗屎。
恋爱中男人是疯子！

疯了！桂寶 —请多关照—

疯了！桂宝 —最新福利—

咦，大家工作都没精打采的啊！怎么啦？
桂总好！我们有点累！
大家不要受金融风暴的影响！我准备提高大家的福利，让我们振奋起来吧！
所以，我今天带来了好吃的，慰劳大家！
谢谢老板！
谁觉得累，就来炒着吃点吧？
不！
累！
鱿鱼！
啦！

疯了！桂寶 -拍卖男友-

疯了！桂宝 -一分钟-

阿玉，看看我的表，看着秒针转一圈。
这样，我生命中宝贵的一分钟就是和你一起度过的啦。
我要谢谢你！
感谢什么啊？
谢谢你用掉了我生命中最垃圾的一分钟。

瘋了！桂寶 －梦中情人－
你说在我们这种爆笑漫画里怎么会有店长这样的美女啊？
是啊，很少见呢！
唉，真是猜不透桂哥啊！
桂哥！
你们不知道，其实这是个秘密！
哥来啦！
15年前的秘密！
桂哥！
15年前，我的梦想：
嘻嘻，长大一定要娶个大波浪发的美女！
小阿桂
北京
15年后，我面对现实：
哈，娶不到，就画一个吧！
大阿桂

瘋了！桂寶 －生日快乐－

胖狗狗生日快乐！
哈，你知道啦！
我给你定做了一个蛋糕，特意用奶油做成你喜欢吃的形状呢。
桂宝真够朋友，快打开看看！
很馋吧！
不要玩狗啦！
胖狗狗生日快乐

疯了！桂寶
-天才的诗-
自恐多情损梵行，
入山又怕误倾城。
世间安得双全法，
不负如来不负卿。
动漫就是哥的如来！

疯了！桂寶 -谈判之水火-

瘋了！桂寶 -宠物美发-

你要给狗美发啊，让我试试吧。
你一个洗澡的，会这个吗？
当然会！我等这一天很久了！
电推子！
哦！
我剃！
我剃！
我剃剃！
OK了，我手艺如何？
想玩我们你就直说！

疯了！桂寶 -神气的顾客-

宝，有顾客要给狗洗澡，你接待吗？
接啊，我就是给狗洗澡的啊。
那人挺神气的，不太好招待吧！
神气怕什么，我去看看有多神！
二郎神！
哮天犬！
神仙下凡！确实神气！
你好，我要给狗洗澡。

疯了！桂寶
-分出来啦-
这有两杯水，一杯没毒，一杯有毒，无色无味，三秒钟致命，谁能分出来，我就把女儿嫁给谁。
大富翁的独生女
我能！
蘸！
1秒！
2秒！
3秒！
没死！
红杯是水！
大家为二贝欢呼，忽然……
二贝真勇敢！
不急着夸我！
再蘸
1,2,3
哈，分出来啦，蓝杯有毒！
这就是2中之2的二贝！

瘋了!桂寶 –再听笑话–

疯了！桂寶 —真不行—

这位高僧有何贵干？
贫僧自东土大唐而来，远去西天取经，途经此地，贵店可否借住一宿。
这个真不行。
为什么呢？
本店不准宠物入内。

疯了！桂寶
-屁后服务-
噗！
不要在我旁边放屁嘛，画框这么小，想臭死我啊！
你这又干吗呢啊？
把屁送出去！

疯了！桂宝
-帅的选择-
其实我眼睛挺大的哟。
水汪汪的非常好看。
那为什么，我在漫画里老这样呢?
主要是因为听人说，男主角应该把眼睛眯起来，才有神秘感。
别乱找理由，你就是个小眯眯眼。

疯了！桂宝 —遗嘱—

我走啦，你们哥儿仨也别伤心，遗嘱我也想好啦。
老大
老二
老三
老大快生小孩了，我的存折留给你。老二快结婚了，我的房子留给你。
谢谢爸！
爸！
老三我最不放心，到现在也没个女朋友，爸爸把最宝贵的遗产留给你，帮你解决个人问题。
股票？
公司？
什么啊？爸！
我的QQ号留给你。
当年你们老妈就是我网友！
单身有罪啊？

疯了！桂寶 -成功-

从前有一个木水桶，他不愿意平凡下去，于是他拼命努力来改变自己。
终于，他成为了时尚的、洁白的高级马桶。
他开心地对妈妈说：
妈妈，我成功啦！我不再是破烂水桶了，我是上等人啦！
水桶妈！
妈妈微笑着说：
孩子，我是为你高兴，但成功不代表着要吃屎啊！

疯了！桂寶 -求签-

有个事难决定啊！
噢，那来求个签吧。
寶半仙
呵，准吗？
臭肥疯！这是棉签啦！
噢，对不起，这个才对！
寶半仙
嗯……
这是牙签啦！
熊样，凑和着求吧！

疯了！桂寶
—有两把刷子—
这哥们，真有两把刷子！
这小伙儿，真有两把刷子！
至于这么夸他吗？我看看！
这后生，真有两把刷子啊！
专业刷狗，五块一条。
两把！
刷子！

疯了！桂寶 –虫和蜘蛛–

蜘蛛抓住了一个小飞虫，飞虫悲哀地说：
唉，到今天才后悔没听我妈妈的两句话。
噢，哪两句？
第一句是，未成年千万不要上网。
有道理啊，那第二句呢？
第二句是，如果上网了，就千万不要和网友见面。

疯了！桂宝
-方便电视-
2018年的电视是这样的：
看会儿电视吧，你去烧点水。
好！
宝师父
方便电视机！
外出旅行，
必备产品！
冲！
泡！
嘭！
咦，怎么是黑白的？
噢！我说呢，原因在这呢！
什么？
你忘加色彩调料包啦！
呀！那再泡一遍吧。

疯了！桂寶 -猜猜我是谁-

猜猜我是谁？我有熊的屁股，猫一样地窝在家里。
我有熊的胃口，猫一样地昼伏夜出。
我还有经久不散、历久弥新的超级黑眼圈，不错，我就是人见人爱的……
漫画家！
桂哥咱换个发型，行吗？

疯了！桂寶 -改变自我-

从前有一个人叫东绿否。
他非常讨厌自己的性格。
东绿否！
我要改变自己的人生。
于是他就完全按相反的方向来改变自己。
之前
否
东
是
西
之后！
最后他终于成为了和过去截然相反的人，你们猜他变成了什么？
他变成了西红柿（是）。
西红是绿东否

疯了！桂宝 -对不起-

一天，巧克力冰激凌公司在开会。
突然一阵风吹来，大家好像闻到了什么！
有人惊叫道：
啊！这有大便！
大便悲壮地说：
对不起，我是卧底！

疯了！桂寶
-跑步机-
有些人也很努力地奔跑。
也不能说他们不勤奋、不刻苦！
但为什么跑了很久却仍在原地呢？
那是因为他们没有脚踏实地！

疯了！桂寶 -星座笑谈1-

12星座吃苹果吃到一半虫子后，会怎样呢？以下是桂宝电视台的独家采访。
哈，感觉很奇妙啊，好想知道一口吃整条虫是什么感觉啊，您还有吗？
客串：二贝
3月21日至4月19日 白羊同学热情好奇心重
我含在嘴里，等周围没人了再吐，您快采访，我还含着呢，快挺不住了！
客串：阿芹
4月20日至5月20日 金牛同学厚道能忍耐
天大的事啦！要是吃出病来，本女王将来怎么统治地球啊？！
小事，没什么。
客串：可爱叮
5月21日至6月21日 双子同学疯了，汗

疯了！桂宝 -星座笑谈2-
唉，可怜那些苹果宝宝了，竟然都生虫了，肯定是没人好好照顾他们。
6月22日至7月22日 巨蟹同学具有母性光辉
哈哈，我把另一半也吃啦，吃苹果，竟然还能吃到肉，真是赚到啦！
7月23日至8月22日 狮子同学自信大方
我洗了手，然后刷了牙，接着去医院洗了胃，回来又把厕所刷了。对了，这个话筒我也帮你洗洗吧。
8月23日至9月22日 处女同学处处要求完美
处女座的朋友就是讲究啊。

疯了！桂寶 -星座笑谈3-

剩下的一半苹果和虫子让我想起了古希腊的维纳斯雕像，都有一种残缺的美。
9月23日至10月23日
天秤同学崇尚公平与美感
客串：胖狗狗
命运啊，茫茫宇宙，人虫相遇，我早有预料，这次终于了却了一段孽缘。
10月24日至11月21日
天蝎同学有强烈的第六感
客串：宝师父
哈哈，不但补充了维生素C，还顺便补充了蛋白质，绝对的绿色营养食品！
11月22日至12月21日
射手同学开朗乐观
客串：宝爸
我们天秤座的兄弟就是有艺术气息啊！
我也是天秤座！

疯了！桂寶 —星座笑谈4—

嗯，吃了，吐了，又吃了。
客串：宅小男
12月22日至1月19日
摩羯同学严谨呆板
我给小虫举行了隆重的葬礼！
生命再微小，也是有尊严的！
客串：宝妈
1月19日至2月18日
水瓶同学喜好自由与博爱
唉，难道我就是传说中的白雪公主吗，
吃了坏苹果，怎么没有王子来追我啊？
客串：春妞大小姐
2月19日至3月20日
双鱼同学忧郁多情
采访完毕，很雷吧，大
家有空可以自己试试。

疯了！桂寶 -花絮之磨炼-

桂宝是个在磨砺中长大的孩子。第一季红版出来时，书掉页，我和贝贝还比较从容！
哈哈！
作者阿桂
淡定！
编辑贝贝
重装后，又掉！于是我们吐血了。
再重装，又又掉！于是我们疯了……
再再重装，又又又掉，于是我们出离愤怒了！
最后我们推出了全新第一季，终于不掉页了！
疯了!桂宝
超级冷漫画
佛祖！
保佑！
不过，红版也成为了有历史意义的绝版，记载着一段让人崩溃的历史。最近竟然有网友特意留言说要买红版收藏，这就难了，我手里也只有一本红版，磨炼我意志的红版。

疯了！桂宝
－花絮之贝贝－
编辑贝贝同志非常有特点，第一次会面就感觉到了。
咦，感觉贝贝很像个人，谁呢？
你好！
……
对了！
啊，女版桂宝！
敢这么画本姑娘！
你好！
后来发现性格也很像桂宝！
缘分啊！
贝贝，你属什么的？
属狗！
啊，太巧啦，我家狗也叫贝贝。
死小子，这两句能连得上吗？
B型！
A型！

瘋了！桂寶 —花絮之希望—

不容易啊，画到第三季了，今年五月份时，桂宝的博客点击量也过亿了，是全世界第一个点击量以亿计算的动漫人，在这里要感谢全国广大桂圆的支持！你们的鼓励是我最宝贵的财富！
100,000,000
儿时梦想就是要当一名漫画家，而今我的漫画书已经在你的手里了，谢谢你看了我的漫画，真的感谢！
我小时候最喜爱的，就是周末窝在床上整天看漫画，我的理想就是在那时慢慢形成的，到现在我还保留着那些陪伴我成长的一本本漫画。
数风流人物，还看今朝！希望我们中国的这代动漫人茁壮地成长起来，强大我们祖国的动漫事业。哥会继续努力画第四季，继续努力地把漫画和动画做好，一起努力吧，中国少年！

疯了!桂宝 –花絮之秘密报道–

疯了，疯了，桂宝！开心之宝！
哈哈，桂宝1，2，3，4，5，6，7季，你拥有了吗？没有就快去书店拥有吧！
哈
汪
好喂！
嘻嘻，全国各大新华店都有噢，当当网，卓越网也都有啊！快来拥有你自己的桂宝吧！